MANIÈRE

DE
FAIRE LE PAIN

DE

POMMES DE TERRE,

Sans mélange de Farine.

Par M. PARMENTIER, Penſionnaire de l'hôtel des Invalides, Cenſeur royal, Membre du Collége de Pharmacie de Paris, de l'Académie des Sciences de Rouen & de celle de Lyon, Démonſtrateur d'Hiſtoire Naturelle.

A PARIS,
DE L'IMPRIMERIE ROYALE.

M. DCC LXXIX.

Ouvrages du même Auteur, qui se trouvent chez MONORY, Libraire de S. A. S. Monseigneur le Prince de Condé, rue & vis-à-vis la Comédie Françoise.

OUVRAGE Economique, sur les pommes-de-terre, le froment, le riz, &c. vol. in-12. 2 liv. broché.

Récréations physiques, économiques & chymiques, traduites de l'Allemand, de M. Model, avec des observations & additions, 1774, in-8. 2 vol. 12 liv.

Expériences & réflexions relatives à l'analyse du bled & des farines, 1776, in-8. 1 liv. 16 f. br.

Avis aux bonnes ménageres des villes & des campagnes, sur la meilleure maniere de faire leur pain. Imprimerie Royale, in-8. 1 liv. 4 f.

Le parfait Boulanger, ou Traité complet sur la conservation des grains, leur mouture, & la fabrication en pain. Imp. Roy. in-8. 1778, de 650 pag. 6 liv.

Procédé pour faire le pain de Chataignes, sans aucun mélange de grains, *sous presse.*

Des végétaux farineux, propres à remplacer les grains sous la forme de pain, dans les temps de disette. Imp. Roy. in-8. *sous presse.*

Ouvrages nouveaux, de différens Auteurs, 1779.

Le Tribut des Muses, ou choix de Poésies singulieres, en prose & en vers, dédié aux manes de M. de Voltaire, in-12. 1 liv. 10 f.

Le Petit Rien, Almanach chantant, in-12. 1 liv. 4 f.

Observations faites & publiées par ordre du Gouvernement, sur les différentes méthodes d'administrer le mercure, &c. précédés de l'Exposition raisonnée, un volume qui se vend séparément, par M. de Horne, Censeur Royal, in-8. 3 vol. 15 liv.

Le nouvel Ami des Femmes, ou la Philosophie du Sexe, par M. Boudier de Villemert, 1779, 1 l. 16 f.

L'irréligion dévoilée, ou la Philosophie de l'honnête homme, par le même, in-12. 1 liv. 10 f.

La Pétaudiere, ou Observations sur la Littérature moderne, in-8. 12 f.

La nouvelle Maison rustique, par Liger, in-4. 2 vol derniere édition, 24 liv.

La Cuisiniere Bourgeoise, suivie de l'Office, 2 vol. in-12. 4 liv. 10 f.

Histoire des Insectes, par Geoffroy, in-4. 2 vol. 24. l.

Mémoires sur différens sujets d'Histoire Naturelle, par Guettard, in-4. 5 vol. fig. 36 liv.

Voyages métallurgiques, ou Recherches & Observations sur les Mines & Forges de fer, &c. par Jars, avec fig. in-4. 14 liv..

Nov. Lexicon Græcum, Etymologicum & Reale, digestum, Tobias Damas, Berolini, 1774, in-4. 2 vol. 42 liv.

Apollonii sophist. Lexicon Græcum, in-4. 2 vol. 36 l.

Dictionnaire de Richelet, in-fol. 3 vol. 72 liv.

— Abrégé, du même, in-8. 2 vol. 12 liv.

Grammaire Françoise de Restaut, in-12. 3 liv.

— De Wailly, in-12. 3 liv.

Traité d'Orthographe, en forme de Dictionnaire, in-8. 7 liv. 10 sols.

Les vrais principes de la Lecture, de l'Orthographe, in-8. 2 liv. 14 f.

Le Maître Italien, par Veneroni, in-12. 2 liv. 10 f.

Grammaire, du même, avec un Dictionnaire à la fin, in-8. 6 liv.

Dictionnaire Italien & François, du même, in-4. 16 liv.

Dictionnaire Italien & François, par Antonini, in-4. 2 vol. 24 liv.

— Le même, considérablement augmenté, par Fabretti, in-4. 2 vol. 36 liv.

Grammaire Angloise, de Boyer, 3 liv.

— Du même, Dictionnaire Anglois & François, in-4. 2 vol. 24 liv.

— Le même, in-8. 2 vol. 18 liv.

Lettres de Stephanie, par M. Dorat, in-12. 3 vol. 6 l.

— Les mêmes, papier d'Hollande, 12 liv.

Les Lettres de Clariffe-Harloowe, 13 vol. br. 21 l.
Hiftoire du Chevalier Grandiffon, 3 vol. 12 liv.
Aventures de Robinfon Crufoë, 3 vol. fig. 9 liv.
La nouvelle Clémentine, par M. Léonard, in-8.
   1 liv. 16 fols.
Recueil de Differtations phyfico-chymique, lues dans
   différentes Académies, par M. de Machy, Cenfeur
   Royal, in-8. 6 liv.
Elites de Poéfies fugitives, 5 vol. 12 liv. 10 f.
Œuvres de Pierre Corneille, commentées par Voltaire,
   in-8 10 vol. 60 liv.
— De Moliere, 8 vol. 16 liv.
— Les mêmes, in-8. 6 vol. fig. 60 liv.
— Les mêmes, in-4. 6 vol. 120 liv.
— De Racine, in-4. 3 vol. 60 liv.
— Les mêmes 3 vol. grand in-12. 9 liv.
— Les mêmes, petit caractere, 6 liv.
— De Rouffeau, 5 vol. 10 liv.
— De Deftouches, 10 vol. 25 liv.
— De Regnard, 4 vol. 9 liv.
— De Crébillon, 3 vol. 6 liv.
— De la Grange Chancel, 5 vol. 10 liv.
— Les mêmes 3 vol. 9 liv.
— De la Motte, 11 vol. 33 liv.
— De la Monnoye, in-4. 2 vol. 18 liv.
— Les mêmes, 3 vol in-8. 12 liv.
Et tous les autres Théatres qui exiftent.
Le Paradis perdu, traduit de l'Anglois, de Milton,
   3 vol. 9 liv.
Œuvres de Diderot, 6 vol in-8. 36 liv.
— De Maupertuis, 4 vol. in-8. 24 liv.
— De M. l'Abbé de Condillac, favoir, fon Cours d'E-
   tude, 16 vol. in-8. 28 liv. br.
— Ses Connoiffances Humaines, 2 vol. 6 liv.
— Traité des Syftêmes, 2 vol. 5 liv.
— Des animaux, in-12. 3 liv.
— Du Commerce & du Gouvernement, 3 liv. 12 f.
Tables nouvelles de M. l'Abbé Rozier, pour fervir à
   l'Académie des Sciences, in-4. 4 vol. 48 liv. br.
Recueil Hiftorique & Chronologique, des principaux

faits, servans à l'Histoire de la Marine, & à celle de nos Découvertes, in-12. 2 vol. 6 liv.

Histoire Héroïque de la Noblesse de Provence, avec huit grandes Cartes, in-4. 2 vol. 30 liv.

— De la Maison de Bourbon, par M. Desormeaux, in-4 2 vol. Imp. Roy. 42 liv. reliés en écaille, filets, Doré sur tranche.

— Abrégée de Philoso. par M. de Bury, 2 vol. 5 liv.

— De Henri IV. du même, 4 vol. 12 liv.

— De Louis XIII, du même, 3 vol. 9 liv.

Histoire abrégée des Philosophes & des Femmes célebres, par M. Debury, 2 vol. in-12. 5 liv.

Histoire de Malthe, par l'Abbé de Vertot, 7 vol. 17 liv. 10 sols.

— Du même, Révolutions Romaine, Suéde & Portugal, 6 vol. 15 liv.

Introduction à l'Etude Politique des Finances, par de Beausobre, 3 vol. br. 6 liv.

Institution au Droit Canonique, par Durand de Maillane, 10 vol. 25 liv.

Journées Amusantes, par Me de Gomez 4 vol. 12 liv.

Œuvres de Montesquieu, 7 vol. 7 liv. 10 s.

Les Loix des Bâtimens, par Degodet, in-8. 6 liv.

Les Lettres Persannes, par M. de Montesquieu, 2 liv 10 s.

— De Sevigné, 8 vol. 20 liv.

— Les mêmes, grand papier, 24 liv.

— Lettres Juives, Chinoises, Cabalistiques, du Marquis d'Argens, 21 vol. à 2 liv.

Lettres d'un François, par le Blanc, 3 vol. 7 l. 10 s.

— Du Cardinal d'Ossat, 5 vol. 12 liv. 10 s.

Traité de la Religion Chrétienne, par Abbadie, 4 4 vol. 10 liv.

Le même Libraire fait prisées de Bibliothéques, les arrange, & en fait des Catalogues & des Commissions.

MANIÈRE

De faire le Pain de Pommes de terre, sans mélange de Farine.

IL eſt du devoir d'un Citoyen de diriger la Science qu'il cultive vers les objets les plus importans à la Société. Pénétré de cette vérité, & n'enviſageant qu'avec effroi le tableau affligeant de ces époques déſaſtreuſes, où les fléaux réunis ne ceſſent de frapper que pour combler nos maux par la faim cruelle & dévorante; convaincu que quand le beſoin ſe préſente, la Science reſte muette & ſans activité, au lieu d'arracher à la Nature le ſecret de ſuppléer à l'aliment ordinaire qu'elle nous refuſe, & que l'induſtrie elle-même attérée eſt ſans aucune énergie; qu'enfin ce n'eſt que dans les temps d'abondance, lorſque les greniers ſont pleins, qu'on peut s'occuper des moyens de parer aux funeftes effets de la famine, j'ai cherché à enrichir la lifte des fubfiftances, à les per-fectionner, & à indiquer leur véritable prépa-ration : tel a toujours été le but de mes travaux.

Dans mes premières tentatives, encouragées par le fuffrage de l'Académie de Befançon, j'avois reconnu que parmi les végétaux qui couvrent la furface du globe, il n'y en avoit point de plus propre à remplacer les grains que la pomme de terre ; auffi dès 1771, lorfque je m'occupois de l'analyfe de ces racines, avois-je déjà pour objet principal leur converfion en pain. J'avouerai même que c'étoit à la réuffite de cette expérience que j'attachois toute mon ambition, perfuadé qu'elles offriroient fous cette forme une reffource de plus dans les temps de difette, & que, dans tous les cas, elles devien-droient pour les habitans des cantons qui en font la bafe de leur nourriture, un aliment plus commode & plus fubftantiel. En effet, les pommes de terre renfermant au moins les deux tiers de leur poids d'eau, on eft obligé de les cuire à mefure qu'on en a befoin ; il faut en manger beaucoup & fouvent pour être nourri, encore leur ufage n'exclut-il pas toujours celui d'un pain quelconque compofé de farrafin ou d'orge, & ne convient pas dans les circonftances où les farineux font profcrits. Ce font ces inconvéniens , & d'autres dont il fera queftion dans un Mémoire détaillé que je me propofe de publier à ce fujet, qui me déterminèrent à faire des effais pour développer dans la pomme de terre la faculté fermentative , afin d'en obtenir du pain & une boiffon comparable à la bière. Le fuccès alors me parut impoffible , & je n'héfitai point de le déclarer par la voie des Journaux : mes raifons étoient, qu'on ne trouve dans la pomme de terre ni matière fucrée, ni matière vifqueufe, deux fubftances regardées jufque-là comme une condition fans laquelle il ne peut exifter de fermentation, & confé-quemment de panification.

Subjugué par ces principes plutôt encore que par le peu de fruit de mes recherches, je continuai néanmoins mon travail, me flattant que peut-être je trouverois encore les règles géné-rales en défaut ; je crus devoir répéter d'abord tous les procédés annoncés pour faire du pain avec des pommes de terre & la farine des différens grains . les réfultats ayant été conformes à ce qu'en avoit dit le petit nombre de ceux qui s étoient livrés à ce genre de recherches , je m'empreffai de leur payer le jufte tribut d'éloge qui leur étoit dû. Mais tout en rendant

hommage aux vues patriotiques qui les ani-
moient, je ne diffimulai pas en même temps
que loin de me mettre fur la voie, ils n'avoient
fervi qu'à augmenter les difficultés du problème
que je cherchois à réfoudre ; favoir, *changer
la pomme de terre*, fans le concours d'aucun
agent étranger, *en pain comparable, foit pour
l'afpeƈt, foit pour le degré alimentaire, à celui de
froment.* Je n'ai rien oublié pour en venir à bout ;
enfin mes vœux font remplis, & je publie
volontiers que je m'étois trompé.

A peine eus-je entrevu la poffibilité de ce
changement que je l'annonçai. Mais quoique
mon procédé foit publié depuis deux ans
dans *mon Avis aux bonnes Ménagères, p. 86,*
perfonne n'a eu la curiofité de vérifier s'il étoit
exaƈt & vrai, perfonne n'a revendiqué : c'eft
en effet de cette manière que marche la découverte des chofes vraiment utiles ; une publicité
éclatante n'eft jamais leur apanage. Comme je
je n'avois nulle prétention au mérite d'un pareil
travail, je ne fus pas touché de cette efpèce
d'indifférence ; & fans l'authenticité qu'il falloit
abfolument lui donner pour le faire connoître,
le pain de pommes de terre fe feroit perfeƈtionné
fans bruit & dans le filence, ainfi qu'il avoit
été cherché & trouvé.

Toutes les fois qu'il a été queſtion d'expériences utiles à l'humanité, les Officiers ſupérieurs de l'Hôtel Royal des invalides ſe ſont prêtés volontiers, avec l'agrément du Miniſtre, à en conſtater les effets. L'avantage que j'ai de demeurer dans cette célèbre Maiſon, m'a fait profiter des reſſources que m'offroit ſa boulangerie qui, depuis que l'Adminiſtration en a fait un objet de régie, eſt devenue un chef-d'œuvre de propreté, d'ordre, de perfection & d'économie. C'eſt donc le lieu que j'ai choiſi pour répéter mon expérience avec une ſorte d'appareil, & en préſence de M. le Noir, de M. Francklin, de M. le baron d'Eſpagnac, de M. de la Ponce & de pluſieurs Officiers de l'État-major. Cette circonſtance produiſit ſon effet : le pain de pommes de terre intéreſſa l'attention des bons citoyens ; il fut préſenté au Roi, aux Princes & aux Miniſtres, qui l'accueillirent avec bonté : en falloit-il davantage pour réveiller l'envie ! Ce tyran de toutes les découvertes, qui avoit dédaigné en 1777, le procédé de ce pain, aiguiſa tous ſes traits en 1778 lorſqu'il le vit annoncé ſans le procédé ; en vain quelques amis du bien public firent valoir la pureté de mes intentions & le déſintéreſſement de mes vues ; ils ne purent étouffer les cris de la prévention, & chacun confondant le pain fi connu de farine mêlée de pommes de terre, avec le pain compofé uniquement de ces racines fans farine, on entendit répéter de toutes parts, avec les épithètes ufitées en pareil cas : *Il y a long-temps que dans ma province on fait du pain de pommes de terre ; j'en ai vu & mangé ; les livres fourmillent de recettes à ce fujet ;* enfin il n'y a pas eu jufqu'au fieur Thierry, Boulanger à Verfailles, qui ayant introduit des pommes de terre cuites dans le pain de froment, à l'exemple de fes confrères Francs-Comtois, Alfaciens & Lorrains, s'avifa, la veille que nous parumes à la Cour, de diftribuer ce pain comme une nouveauté, en difant hardiment & avec com-plaifance, *& moi auffi je fais faire du pain de pommes de terre.*

Avant d'aller plus loin, je crois indifpenfable d'expliquer ce qu'on doit entendre par le mot générique *pain.* Il y a tant d'honnêtes gens qui s'en nourriffent journellement fans favoir ce que c'eft réellement, comment la matière première d'où il réfulte, fe produit, & de quelle manière on procède à fa fabrication, qu'ils font toujours difpofés à qualifier de ce nom, beaucoup de fubftances qui en font entièrement éloignées. Il paroît donc néceffaire de fixer les idées à ce fujet.

L'aliment qui mérite de porter le nom de *pain*, eſt le produit d'une fermentation particulière qui, aſſociée avec de l'eau & de l'air, a augmenté d'un tiers de ſon volume durant l'apprêt & la cuiſſon, & ſe trouve compoſé de deux ſubſ-tances; la première eſt une mie ſpongieuſe, blanche, élaſtique parſemée de trous plus ou moins grands, d'une forme inégale, ayant une légère odeur de levain; la ſeconde eſt une croûte dure, sèche, caſſante & ſapide; voilà pour l'aſpect du pain. Ses propriétés principales, ſont de ſe ramollir à l'humidité, de ſe deſſécher au contraire dans un endroit chaud, de ſe conſerver un certain temps ſans ſe moiſir, de ſe gonfler conſidérablement mis en macération dans un fluide quelconque, de ſe broyer aiſément dans la bouche, d'obéir ſans peine à l'action de notre eſtomac & de nos viſcères, pour former la matière la plus pure & la plus ſaine de la nutrition.

Lorſque les farineux ne ſont pas mêlés avec du levain, & qu'on les réunit ſeulement en maſſe avec de l'eau, pour les faire cuire auſſitôt au four ou ſous la cendre, loin d'avoir pris du volume ils en ont perdu; on les nomme alors *pain azime*, & *galette* ſi on y ajoute du ſel & du beurre; mais eſt-ce bien-là du pain ! non aſſurément, c'eſt une maſſe lourde, ſerrée, viſqueuſe, indigeſte, & s'il n'y a pas de comparaiſon à faire entre du pain mal fabriqué & celui préparé convenablement, quoique provenant du même grain, la diſtance eſt encore infiniment plus grande entre la galette & du pain levé; s'eſt-on jamais aviſé de confondre le vin avec le moût ou le ſuc du raiſin ! Jetons maintenant un coup-d'œil rapide ſur les diverſes préparations de la pomme de terre, que l'on a déſignées ſous le nom de *pain*.

Les uns ont exprimé le ſuc de la pomme de terre, & ont expoſé le marc à une douce chaleur, d'où il eſt réſulté des petites galettes plates, inſipides, ſemblables à la caſſave des Américains ; les autres ont fait cuire cette racine entière, dans l'eau ou ſous la cendre, & après l'avoir réduite en pâte & portée ainſi au four, ils ont obtenu, par la cuiſſon, une enveloppe tenace, renfermant intérieurement une ſubſtance graſſe & molle comme des pommes cuites & écraſées. Ceux-ci ayant fait ſécher la pomme de terre coupée par tranches, qu'ils ont réduites en poudre, puis en pâte avec de l'eau, n'ont eu après la cuiſſon qu'une maſſe noire & ſans continuité; ceux-là ont eu une maſſe moins noire, en réuniſſant enſemble, parties égales de pommes de terre cuites & de pommes de terre deſſéchées;

enfin, il y en a qui plus inftruits ont cherché à introduire dans chacune de ces préparations, du levain de froment ou de feigle, fans être plus heureux : voilà donc les fubftances que l'on s'opiniâtre toujours malgré la raifon, l'expérience & l'obfervation à mettre en parallèle avec le pain que je préfente, avec un pain blanc, léger, œilleté & favoureux, à qui il ne manque abfolument rien pour reffembler à celui du blé.

S'il falloit inférer ici les diverfes réclamations faites au fujet du pain de pommes de terre, & les réponfes qu'elles ont néceffairement occafionnées, un volume ne fuffiroit pas ; mais qu'importe au Public qu'une découverte appartienne à telle ou telle fource, pourvu qu'elle ait quelques rapports avec fon bonheur, & qu'elle ne l'induife pas en erreur fur fes principaux befoins ! Je me contenterai feulement de faire remarquer que mon refpect pour la propriété d'autrui, ne s'étant jamais démenti, j'ai examiné avec l'attention la plus fcrupuleufe, les titres des Réclamans, & je leur ai prouvé que nous étions entièrement oppofés d'opinions & de moyens, puifqu'ils mettoient toujours à contribution, les grains pour moitié ou pour un tiers, tandis que la pomme de terre feule me fuffifoit ; qu'elle réuniffoit toutes les reffources dont j'avois befoin ; que j'y trouvois le levain, la farine & la pâte ; que leur travail & le mien n'avoient de commun que les mots *pommes de terre & pain* que nous prononcions également ; qu'ils étoient hors de la queftion ; qu'enfin, le pain qu'ils prétendoient tous avoir fait les premiers, avoit cependant un fiècle pour époque, les Irlandois pour Auteurs, & les Tranfactions philofophiques pour dépôt.

C'eft affez en dire pour ceux qui confondent toujours le pain de pommes de terre pure avec celui qui réfulte des différens mélanges ; fuivant un pareil raifonnement, la citrouille, le potiron, les tronçons de choux, les navets, les noix, &c. peuvent donc fe convertir en pain, puifque ces différentes fubftances, affociées avec la farine des grains, difparoiffent pour nè plus former après la cuiffon, qu'un tout homogène. Mais il exifte encore une autre claffe de Réclamans qui fe croient mieux fondés, ce font ceux qui difent qu'on fait du pain de pommes de terre avec cette racine feule, fans indiquer quelle en eft la recette ; le feul des livres que je fache où il en foit fait mention, eft le *Guide du Fermier*, Ouvrage eftimé & eftimable : l'Auteur affure, page 232, *que ce pain eft trop connu pour en indiquer la manière ;* où eft-il donc connu ! eft-ce en Angleterre ! on fait que la fabrication du

pain y eſt très-défectueuſe; feroit-ce en Alle-
magne? le pain de froment ne s'y fait pas mieux;
comment la converſion de la pomme de terre
en pain blanc & bien levé, dont la manipulation
eſt plus difficile que celle qu'exigent les grains
eux-mêmes; comment, dis-je, s'obtiendroit-elle
auſſi aiſément dans des contrées où la Boulangerie eſt encore au berceau! Le même Auteur
obſerve, il eſt vrai, un peu plus haut, que le
pain mélangé de farine de froment ou de ſeigle,
& de pommes de terre, n'eſt pas du pain, mais
une maſſe lourde & indigeſte : ce paſſage ne
ſuffit-il pas pour prouver que le pain dont il s'agit,
s'il exiſte, n'eſt qu'une galette noire & déteſtable.
Priſonnier de guerre en Weſtphalie, j'ai vu &
mangé de ce ſoi-diſant pain, mon palais s'en
rappelle encore le ſouvenir; le pain noir, mat &
amer de ſarraſin, placé à côté, auroit pu paſſer
pour du pain mollet.

Quant à M. le Chevalier de Muſtel, qui a
rendu ſes prétentions publiques, les Juges éclairés
dans cette partie n'ont pas manqué de les apprécier
à leur juſte valeur; cet auteur, dont les travaux
méritent la reconnoiſſance des bons citoyens, n'a
imprimé nulle part, qu'il eût jamais fait du pain
de pommes de terre ſans mélange. Ceux qui ſe
flattent de ſavoir ce qui en eſt, qui vont même

jufqu'à dire qu'ils pofsèdent dans leur porte-feuille la vraie recette de ce pain, l'ont copiée depuis que cette queftion eft agitée dans un de mes Ouvrages, déjà cité, fans avoir eu le courage de la répéter. Ne femble-t-il pas qu'on veuille m'engager à attacher à mon expérience plus de prix que je n'en mets réellement, & me con-traindre, pour la conferver, d'employer un ton d'égoïfme éloigné de mon caractère !

Je n'arracherai pas le voile ridicule dont les autres ont cherché à couvrir mon travail, puifque tel eft le fort des nouveautés de tous les genres. Il eft vrai, qu'après l'éloge que j'ai fait du bled & des autres graminés, après avoir cherché à perfectionner l'art fi utile de les réduire en farine, & de convertir la farine en pain, je ne devois point m'attendre qu'on me taxeroit de vouloir métamorphofer les belles plaines de la Beauce en champ de pommes de terre, & fubftituer le pain de ces racines à celui du froment ; je ne devois point m'attendre encore que l'on me foupçonneroit un autre projet auffi fou, celui de transformer tout en pain, moi qui n'ai ceffé d'élever la voix contre les auteurs qui atteints d'une femblable manie, propofent journellement des mélanges monftrueux, qui altèrent & dé-naturent à grands frais les bonnes qualités du premier de nos alimens; enfin, je ne devois pas m'attendre........ Mais ne décourageons pas ceux qui, occupés du bonheur de leurs femblables, cherchent à leur faire du bien malgré leur réfiftance, & qui font affez généreux pour braver leur injuftice & leur ingratitude.

Pour parvenir à donner un air de vraifemblance aux intentions qu'on m'a prêtées fi gratuitement, on auroit dû au moins effacer de mes Ouvrages, quantité d'expreffions qui manifeftent d'une manière non équivoque combien mes vrais fentimens font éloignés de ceux qu'on m'attribue, je vais en rapporter feulement quelques paffages : *Ne ceffons d'attaquer un préjugé qui femble prendre faveur tous les jours ; on vante, on propofe, on défigne continuellement une foule d'autres végétaux, dont la plupart ne font pas même mucilagineux & farineux, on les indique comme propres à être convertis en pain, ou à augmenter la maffe de cet aliment, fans faire attention qu'on altère & qu'on diminue fa bonne qualité....... Dans un pain déjà mat par lui-même, il paroît ridicule d'y introduire des femences légumineufes & autres végétaux farineux, tels que l'ers ou l'orobe, la vefce, les haricots, les petites fèves, la châtaigne, le millet, dont les parties entr'elles n'ont aucune adhéfion ; le ridicule eft encore bien plus grand, lorfqu'on prétend* faire du pain avec ces *substances sans autre addition que du levain*..... Le pain , qui fait la nourriture princi-pale des Européens , est peu connu des autres Nations ! les différentes substances végétales qui en tiennent lieu , sont consommées sous la vraie forme qui con-vient à leurs parties ; les unes, en bouillie ; les autres, en galette ; il y en a enfin qu'on fait cuire sans les diviser : ce seroit contre le vœu de la Nature qu'on s'obstineroit à vouloir soumettre les farineux indiffé-remment à la même préparation...... Le parfait Boulanger, pages 550, 551, 555.... Je ne sais d'où vient la fureur que l'on a de vouloir tout mettre en pain ; cette nourriture, qui fait les délices de l'Europe, perdra de ses bons effets, si on s'obstine toujours d'y introduire des corps étrangers : Ouvrage économique sur les pommes de terre, &c. p. 182. Mais la manie du jour est de tout convertir en pain , on croit même que sans le pain il n'y a point d'ali-mens : Mémoire sur les végétaux nourrissans, couronné par l'Académie de Besançon, p. 55. Les pommes de terre, sont une sorte de pain que la Providence présente tout formé, elles n'ont besoin que d'être cuites dans l'eau ou sous la cendre, & relevées par quelques grains de sel, pour fournir un aliment simple & bienfaisant......, ne convertissez en pain que les substances farineuses reconnues sus-ceptibles de cette préparation ; enfin, si vous vous

déterminez

déterminez à réduire les pommes de terre sous la forme de pain, que ce ne soit que dans les cas particuliers que je vous mets sous les yeux : Avis aux bonnes Ménagères, *p. 8 9.* On verra bientôt, dans le Mémoire qui doit paroître, si je suis en contradiction avec moi-même, lorsque j'exposerai quels sont les avantages & les inconvéniens des pommes de terre réduites sous l'une & l'autre forme.

Il seroit difficile, sans doute, de changer la disposition des Détracteurs, en les éclairant sur les travaux qu'ils jugent presque toujours sans en approfondir l'objet ; mais comme ils entraînent malheureusement l'opinion de beaucoup de personnes qui s'en tiennent à leur prononcé, qu'il me soit donc permis de leur observer qu'il faut du pain à certains hommes, qui croiroient n'être pas nourris si l'aliment ne leur étoit présenté sous cette forme ; que le peuple ne sent que le prix du pain ; que le pain est son unique refrein, & qu'il ne voit rien au-delà de son pain ; qu'il y a une infinité de terreins qui, ne rapportant pas en grains la semence qu'on y a jetée, produiroient des pommes de terre en abondance ; que l'on pourroit changer en une source inépuisable de richesses toujours renaissantes, une étendue immense de pays en friche & perdus pour nous ; que le sol qui passe pour être le

plus aride, produiroit prefque autant de revenu
que les bons fonds ; pourvu qu'on ne lui de-
mandât que les objets de culture dont il eft
fufceptible, tel que la pomme de terre, qui vient
par-tout ; qu'en un mot, on ne fauroit trop
multiplier les reffources alimentaires, puifque
quand c'eft le malheur qui nous avertit de pour-
voir aux befoins du malheur, il nous fait porter
prefque toujours la main fur les fubfiftances les
plus pernicieufes à l'économie animale.

Quand d'un côté on voit que les grains, avant
d'être au pouvoir de l'homme, font expofés à
une multitude d'évènemens très-fâcheux ; que
des maladies formidables les frappent dès en
naiffant, qu'une pouffière contagieufe les défi-
gure & les réduit à l'impuiffance de la nutrition
& de la reproduction, qu'une furabondance de
fuc nourricier brife le tiffu des feuilles & les
rouille, qu'un coup de vent interrompt le cours
de la fève, qu'un orage empêche la fécondation ;
qu'enfin, l'humidité continuelle les fait germer
fur pied ; & que de l'autre, on fuit du même œil la
plantation, la fleuraifon & la maturité des pommes
de terre, on eft bientôt convaincu que leur
végétation a infiniment moins à redouter des
influences de l'atmofphère, & que ce qui nuit
aux grains fait groffir & multiplier nos racines.

D'après cette obſervation comparée, n'auroit-on pas droit d'être étonné qu'on cultive encore ſi peu de pommes de terre !

Combien il ſeroit à deſirer que dans le nombre des productions auxquelles nous conſacrons nos ſoins, on choisît toujours de préférence celles qui ſont reconnues pour être les plus nourriſſantes, les plus ſaines, les plus fécondes, les moins aſſujetties au caprice des ſaiſons, dont les frais de culture & de récolte fuſſent peu diſpendieux ; ſi on ne s'occupoit point autant à récréer nos yeux, en multipliant à l'infini les allées, les jardins & les parcs ; les diſettes ſeroient peut-être moins à craindre : mais ces temps malheureux ſont loins de nous. La bienfaiſance, ſur le Trône, environnée de Miniſtres ſages & prévoyans, calme entièrement nos craintes à ce ſujet : faſſe le Ciel que jamais une pareille circonſtance ne rende mon travail un beſoin ! Mais je viens à mon procédé.

Quoique la fabrication du pain de pommes de terre, que je publie, ait été déjà exécutée avec ſuccès par différentes perſonnes qui en avoient ſeulement entendu parler, elle me paroît encore un peu trop embarraſſante, pour être dans ce moment à la portée du peuple. Comme nous n'avons aucun intérêt de déguiſer la vérité,

il eſt bon de prévenir qu'on ſe feroit même illu-
ſion d'imaginer que les connoiſſances actuelles
que nous poſſédons en boulangerie , étant appli-
quées au pain dont il s'agit, le porteront tout
d'un coup au point de ſimplicité qu'il peut
obtenir par la ſuite. Chaque grain exige une
manipulation particulière , & celle qui convient
à nos racines n'eſt pas la plus aiſée.

Tous les Arts ont eu leur enfance, & le procédé
le plus ſimple aujourd'hui , & le plus facile dans
ſon exécution, a été autrefois très-compliqué.
Qui auroit cru, par exemple, qu'un jour l'orge,
pour ne pas nous éloigner de notre objet, ce
grain, revêtu de deux écorces, s'en trouveroit
tout-à-fait dépouillé ſans perdre de ſa texture,
& qu'on parviendroit à lui donner une forme
ronde, pour préparer ce qu'on nomme vulgai-
rement *orge perlé !* Avant que les meules rem-
plaçaſſent le mortier & le pilon , le travail
d'une journée ſuffiſoit à peine pour fournir une
farine défectueuſe , capable de nourrir quelques
hommes. Tel fut néanmoins pendant des ſiècles
l'état de la mouture parmi les peuples les plus
anciens. Pourquoi l'induſtrie, qui s'eſt tant
ſignalée en faveur du pain de froment, ne
feroit-elle pas quelques efforts pour celui de
pommes de terre, ſur-tout lorſque l'expérience

& l'obſervation en auront démontré les avantages & l'utilité ?

C'eſt dans les provinces du Royaume, où
la pomme de terre cultivée en grand, eſt commune & à bon compte, qu'il faut eſpérer que
ce travail ſe ſimplifiera, ſur-tout ſi le grand
exemple que M. François de Neuf-château ſe
propoſe de donner à Mirecourt, eſt ſuivi par
tous les Magiſtrats, qui, comme lui enflammés
du bien public, ſont faits, par leur génie & par
leurs places, pour donner l'impulſion à l'activité générale.

Réuni avec M. Cadet le jeune, pour ſuivre
dans le plus grand détail les expériences qui con-
cernent la culture des pommes de terre, il n'y a
point de recherches & de tentatives que nous
n'ayons mis en œuvre, dans la vue d'abréger la
manipulation du pain de ces racines. Nous avons
déjà fait conſtruire un moulin pour ſubſtituer à la
rape ; M. Ravelet, Patriote zélé, eſt venu géné-
reuſement nous en offrir un, dont il a conçu
l'idée d'après l'opération de l'extraction de l'amidon ; le meilleur de ces deux moulins, celui qui
coûtera le moins cher, & qui expédiera davantage,
ſera gravé & publié : il y a tout lieu d'eſpérer que
le rouleau employé à la pulpe, éprouvera auſſi
quelques réformes heureuſes. Qu'il ſeroit à deſirer

que les Détracteurs, au lieu de crier toujours, *cela ne vaut rien,* le *procédé eſt impratiquable,* vouluſſent indiquer au moins ce qu'il eſt poſſible de rectifier, de retrancher & d'ajouter; leurs critiques ne perpétuant plus les erreurs populaires & les routines aveugles, deviendroient utiles, & on en profiteroit. Je leur céderois volontiers, à cette condition, le foible mérite de l'invention, ou le petit avantage d'en partager la gloire.

Les expériences de boulangerie ſont plus délicates qu'on ne penſe; leur ſuccès dépend ſouvent de la plus petite circonſtance; il faut avoir mis réellement la main à la pâte, & être demeuré long-temps auprès du pétrin & à la bouche du four, pour ſe flatter de réuſſir; c'eſt-là & non dans le cabinet, que converſant familièrement avec les ouvriers intelligens, & ſe mettant quelquefois à leur place, on parvient à connoître les fineſſes du métier, & qu'on apprend qu'il n'y a pas de procédés plus ſoumis aux intempéries des ſaiſons, que ceux qui convertiſſent la farine en pain. Si l'on me demandoit quels ont été mes réſultats lorſque j'ai opéré ſur de groſſes maſſes, je répondrois franchement que la réuſſite n'a pas toujours été auſſi complète; encore déclarerois-je que je dois le beau pain que j'ai obtenu aux talens de M. Brocq, Régiſſeur de la Boulangerie de l'Hôtel Royal des Invalides & de l'École Royale-militaire, dont j'ai parlé ſouvent dans le *Parfait Boulanger,* dans les termes qu'il mérite.

Si, comme l'expérience le démontre depuis long-temps, le plus excellent blé mal moulu ne donne qu'une farine médiocre, & ſi entre les mains d'un Boulanger mal-adroit, la farine la plus blanche ne fournit qu'un pain bis, mat & aigre; on doit bien préſumer que la pomme de terre n'offrira pas conſtamment une même qualité de pain; cette racine, ſur-tout, à qui la Nature ſemble avoir refuſé toutes les facultés panaires, & pour laquelle l'Art a encore beſoin de faire de nouveaux efforts avant de l'aſſimiler abſolument aux grains qui les poſſèdent toutes à un degré plus ou moins éminent.

Je ne me permettrai plus qu'une obſervation : on a peut-être dit trop de bien & trop de mal du pain de pommes de terre : ces deux excès nuiſent toujours à la bonté réelle de la choſe; l'enthouſiaſme fait naître des contradicteurs; la critique trop ſévère produit quelquefois le découragement. Voici le langage que j'ai toujours tenu; tant que mon travail n'offrira qu'un phénomène phyſique qui renverſe les principes établis, je croirai n'avoir procuré à la ſcience

B iv

qu'un fait qui peut concourir à répandre du jour fur cette opération de la Nature, encore fi peu connue, fur la fermentation.

Ma jouiffance fera, il eft vrai, bien différente, quand j'apprendrai qu'il peut être avantageux à la Société, & que le bon Cultivateur, placé au milieu des campagnes couvertes de pommes de terre, fera parvenu à préparer, avec ces racines feules, un pain blanc, fubftantiel, économique, & qu'il en fera la bafe de fa nourriture journalière; fi j'exifte alors, j'excuferai difficilement les Détracteurs du pain de pommes de terre d'avoir été plus échauffés fur la découverte très - importante du rouge végétal, ou plus enthoufiaftes des moyens encore plus importans de détruire le diamant.

Telles font les réflexions que j'ai cru devoir rapporter ici, moins dans la vue de me difculper que pour tâcher d'éclairer ceux qui, par amour du bien public ou par des préoccupations particulières, pourroient prendre de mon travail, une idée trop haute ou trop défavantageufe. Je prie feulement qu'on attende, pour prononcer à ce fujet, le Mémoire qui paroîtra bientôt; j'efpère avoir prévu la plupart des objections qu'il eft poffible de faire contre l'ufage du nouveau genre d'aliment que j'indique, & je tâche d'y répondre de mon mieux.

Au reste, mes expériences n'ayant pour but que de m'assurer bien positivement des moyens de convertir les pommes de terre en pain, on ne doit les considérer que comme les matériaux préparatoires au fondement & à la perfection de ce travail : c'est à l'industrie, qui vient à bout de tout, à ajouter ce qui y manque encore ; en attendant, j'ai cherché à mettre sur la voie ; je propose la méthode qui jusqu'à présent m'a paru la plus sûre & la meilleure : enfin, si je puis être utile à mes Concitoyens, c'est la récompense la plus flatteuse à laquelle je prétends.

Pour faciliter l'intelligence & l'exécution du procédé que je vais décrire, je formerai des opérations qu'il exige, deux articles particuliers. Il s'agira, dans le premier, du travail préliminaire que la pomme de terre doit subir, pour pouvoir servir à la boulangerie ; le second, contiendra les détails relatifs à la conversion de ces racines en pain ; & comme il est impossible de donner à ce procédé la grande précision qu'il seroit à desirer qu'il eût ; pour y suppléer, je terminerai par une récapitulation des points principaux à connoître pour cet objet : arrêtons-nous d'abord sur les pommes de terre, avant d'en changer la nature & la forme.

ARTICLE PREMIER.

Des Pommes de terre.

La bonté alimentaire des pommes de terre eſt conſtatée depuis un ſiècle, par l'uſage journalier qu'en font des Nations entières & les habitans de pluſieurs de nos provinces. Lorſque des particuliers prévenus ont cherché à rendre cet aliment ſuſpect, on a vu bientôt une foule d'Écrivains, qui, par leur état & leurs lumières, ſont faits pour prononcer ſur les effets de la nourriture dans l'économie animale, défendre & juſtifier celle qu'on obtient de ces racines : c'eſt à cette occaſion qu'en 1771, la Faculté de Médecine de Paris, conſultée par M. le Contrôleur général, ſur la ſalubrité des pommes de terre, donna le rapport le plus avantageux, & que j'entrepris l'examen chimique de ces tubercules ; ce qui acheva de diſſiper, ſans retour, les craintes qu'on avoit fait naître à leur égard.

Les pommes de terre, ſous la forme de pain, ne ſeront pas moins ſalutaires que dans l'état où on s'en nourrit le plus communément ; l'expérience a déjà appris que, confondues & mêlées dans la pâte des différens grains, ces racines n'ont jamais occaſionné aucune ſuite fâcheuſe : quel changement éprouvent-t-elles en paſſant à l'état de pain ! celui que ſubiſſent tous les farineux, la fermentation ; & cette fermentation qui rend le froment, ainſi que le ſeigle, plus ſains & plus nourriſſans, opérera le même effet ſur la pomme de terre, puiſqu'il faut de toute néceſſité l'aſſimiler à ces deux grains, avant de ſonger à en obtenir le levain, une pâte & du pain.

S'il n'eût été queſtion, pour transformer les pommes de terre en pain, que de ſouſtraire leur humidité ſurabondante, de détruire enſuite leur texture, de les mêler avec un levain approprié, & de les ſoumettre aux différentes operations du pétriſſage, il auroit ſuffi de traiter ces racines à l'inſtar des grains récoltés dans les années pluvieuſes, c'eſt-à-dire, de les expoſer au ſoleil, de les broyer ſous des meules, enfin de ſuivre tous les procédés de la Boulangerie ; mais il ne s'agit pas ici d'une ſemence qui ſe réduit en farine aiſément, c'eſt une racine aqueuſe, dont les principes ſont très-différens. Inutilement on ſe flatteroit de pouvoir ainſi en préparer du pain ; on ne pourroit jamais obtenir à la place, par ce moyen, qu'une maſſe noire, compacte & de mauvais goût : il eſt donc indiſpenſable d'avoir recours, indépendamment des travaux ordinaires de la fabrication du pain, aux opérations ci-après détaillées.

De l'Amidon de Pommes de terre.

LES pommes de terre font compofées, comme tous les végétaux & les animaux, de parties folides & de parties fluides ; une livre de ces racines contient trois onces d'amidon, fix gros de matière fibreufe, autant d'extrait ; les onze onces & demie reftantes ne font que l'eau. Ces différens principes varient en raifon des efpèces de pommes de terre, du terrein & de l'année qui les ont produites : le but de l'opération fuivante eft d'obtenir l'amidon féparé tout-à-fait des autres parties conftituantes.

Lavez à plufieurs reprifes des pommes de terre dans l'eau, pour en détacher la terre & le fable qui s'y trouvent adhérens ; divifez ces racines à l'aide d'une rape de fer-blanc, montée fur un chaffis de bois & pofée fur une terrine ou fur un feau, qu'on vide à mefure qu'il fe remplit dans un vaiffeau plus grand. La pomme de terre rapée, offre une pâte liquide, qui fe colore à l'air ; on étend cette pâte dans plus ou moins d'eau, on agite avec un bâton ou avec les mains, & on verfe le tout dans un tamis placé au-deffus d'un autre vafe ; l'eau trouble qui paffe à travers, entraîne avec elle l'amidon qu'on trouve dépofé au fond du vafe ;

on jette l'eau rougeâtre qui furnage le précipité, & l'on en ajoute de nouvelle jufqu'à ce qu'elle ceffe d'être teinte.

Il refte fur le tamis la matière fibreufe dépouillée entièrement d'amidon & d'extrait, on peut la donner aux beftiaux, ou bien la faire fécher & mettre en poudre, pour l'employer ainfi que nous aurons occafion de le dire par la fuite à la nourriture des hommes : il faut tirer parti de tout, & notamment des objets de première néceffité.

Cette première opération achevée, on enlève le dépôt bien lavé, on le diftribue par morceaux dans des tamis revêtus de papier, on l'expofe dans un endroit chaud ou à l'air libre, pour lui enlever l'humidité furabondante ; à mefure que l'amidon fe fèche, il perd le gris-fale qu'il avoit pour paffer à l'état blanc & brillant, alors il fe brife fous les doigts & fe tamife fort aifément.

REMARQUES.

Si on avoit befoin d'employer l'amidon fur le champ, que la circonftance ne permît point de s'en approvifionner, ou d'attendre qu'il fût féché, on pourroit s'en fervir auffitôt qu'il feroit précipité ; mais dans ce cas, il faudroit avoir la précaution de défalquer l'eau qui s'y trouveroit pour moitié ; nous croyons même avoir remarqué que l'amidon, dans l'état humide, rend le pain plus blanc & plus délicat.

Il convient auſſi d'avertir ici les Citoyens qui auroient le deſir de faire quelques recherches dans la vue d'abréger l'opération de la rape, qu'un inſtrument qui diviſeroit en coupant ou en broyant les pommes de terre, ne rempliroit nullement l'objet qu'on ſe propoſe, parce qu'il n'eſt pas queſtion de piler ces racines ou d'exprimer leur ſuc : il faut en déchirer les réſeaux fibreux, forcer l'eau & l'amidon de s'en ſéparer ; or, la rape opère complétement cet effet ; au lieu de la monter, il eſt vrai, ſur un chaſſis, on peut en armer une meule, ainſi que que l'a fait M. Solomé, Membre diſtingué du Collége de Pharmacie de Paris. M. Dubadier, amateur éclairé d'Hiſtoire Naturelle, nous a fait voir un petit modèle du moulin dont on ſe ſert dans nos îles pour la préparation du manioc, & qui eſt conſtruit ſur ce principe ; & M. Gallot, Médecin à Saint-Maurice-le-grand, qui a employé avec ſuccès l'amidon de pommes de terre dans ſa Province, vient de nous mander qu'il avoit auſſi imaginé un moulin à cet effet.

On ne rifquera jamais rien de préparer une très-grande quantité d'amidon, d'autant mieux que quand il eft parfaitement blanc & bien fec, il peut braver la durée des temps fans fe détériorer; d'ailleurs fon ufage ne fe borne pas feulement à la fabrication du pain de pommes de terre, il fert encore à augmenter la fomme alimentaire des grains, avec lefquels on le mêle; on en fait des bouillies, des crêmes, &c. J'apprends que tous les jours la Médecine le fubftitue avec avantage au falep & au fagou.

Mais une obfervation importante que je ne dois pas omettre, c'eft que les pommes de terre, dans les différens états où elles fe trouvent, donnent conftamment leur amidon, foit qu'elles aient été furprifes par la gelée ou la germination, foit qu'elles pèchent du côté de la maturité : ce principe, qui eft la partie la plus précieufe de ces racines, ne diminue tout au plus que de quantité, en forte que l'on pourroit confacrer à l'amidon les pommes de terre qui feroient défectueufes, celles auxquelles les animaux répugneroient ou qui refteroient après la plantation.

Enfin, comme l'amidon eft le principe alimentaire par excellence des farineux, & qu'il fe trouve répandu dans beaucoup d'autres végétaux que ceux dont l'ufage eft le plus ordinaire, on pourroit l'en féparer de la même manière que nous venons de le décrire pour les pommes de terre, & le faire fervir enfuite au même but.

J'ajouterai encore à ces obfervations, que quoique toutes les efpèces de pommes de terre foient fufceptibles d'être converties en pain, celles d'entr'elles qui font rondes, dont la furface extérieure eft grife, étant les plus farineufes, on en retire davantage d'amidon; les rouges au contraire, ayant plus d'adhéfion, conviennent mieux à la préparation de la pulpe; dont nous allons parler; mais il faut choifir les plus groffes, & fur-tout qu'elles foient bonnes à manger.

De la cuiffon des Pommes de terre.

LA très-grande quantité d'eau contenue dans les pommes de terre, qui tient leurs parties éloignées les unes des autres, & dans un état pour ainfi dire ifolé, cette eau, aidée de la chaleur, les diffout & les réunit enfemble; d'où il réfulte un tout plus homogène, plus continu & plus parfait : voilà le but de la cuiffon.

Il y a deux manières de cuire les pommes de terre, favoir dans l'eau ou fous la cendre; dans le premier cas, ces racines ont perdu une partie du piquant qu'on leur reproche; dans le fecond

cas,

au contraire, ce léger défaut y eſt beaucoup plus marqué ; il eſt donc eſſentiel, ici particulièrement, de ſe ſervir de préférence de l'eau pour cette opération.

Quand l'eau eſt bouillante, on y jette les pommes de terre ſans qu'il ſoit néceſſaire de les laver ; on les laiſſe ſur le feu environ un quart d'heure, ou juſqu'au moment qu'on s'aperçoit que leur ſuperficie ſe crevaſſe & qu'elle fléchiſſe ſous le doigt qui les preſſe ; ſi on les y laiſſoit plus long-temps, elles ſe déformeroient & ſe diviſeroient par morceaux.

REMARQUES.

Il en eſt des pommes de terre comme des racines potagères, & même des graines légumineuſes ; la nature de l'eau influe ſingulièrement ſur leur prompte & bonne cuiſſon ; en faiſant bouillir l'eau, on diminue ſa crudité, & en tenant le vaiſſeau clos, on oblige ce fluide à ſe refouler ſur la ſubſtance à cuire ; il faut que nos racines ſoient grenues intérieurement, qu'elles ſe rompent avec facilité, qu'elles aient un caractère vraiment farineux ; alors elles acquièrent aiſément la ténacité & la conſiſtance qu'on ſe propoſe de leur donner dans l'opération que nous allons décrire.

C

De la Pulpe de Pommes de terre.

Q U A N D les pommes de terre font cuites convenablement, on les pèle au fortir du feu ; & par le moyen d'un rouleau de bois ou des efforts de la main, on les écrafe fur une table ; à peine ont-elles perdu leur forme, qu'elles commencent déjà à fe lier & à offrir aux yeux une pâte qui devient de plus en plus fpongieufe & élaftique, fans qu'il foit néceffaire d'y ajouter de l'eau ni aucun autre fluide. On continue de travailler la pulpe jufqu'à ce qu'on foit affuré qu'il n'exifte plus de grumeaux ; alors on la met de côté, & on convertit ainfi de fuite la totalité des pommes de terre qu'on a fait cuire.

R E M A R Q U E S.

I L feroit impoffible de faire du pain de pommes de terre pure, fans le concours de la pulpe ; c'eft cette pulpe feule qui donne la ténacité & le liant à l'amidon, qui en eft abfo-lument dépourvu ; il faudroit même que ces racines ne fuffent employées qu'en cet état, lorfqu'on a intention de les mêler avec ceux des grains, comme le farrafin, l'orge, l'avoine, &c. qui ne deviennent qu'un très-mauvais pain par eux-mêmes, & qu'on bonifieroit à la faveur de ce mélange.

L'opération de la pulpe n'a lieu qu'autant que les pommes de terre font encore chaudes ; & par une fuite de cette conféquence, il eft néceffaire que la pulpe elle=même foit employée nouvellement faite, parce qu'à mefure qu'elle fe refroidit, elle perd de fon liant & de fa continuité : en vain, les pommes de terre, quelque temps après leur cuiffon, feroient broyées avec force & célérité, elles ne prendroient plus la confiftance d'une pâte vifqueufe. Que faire alors pour éviter de cuire plufieurs fois dans la journée ? c'eft de tremper ces racines toutes pelées dans l'eau chaude deftinée au pétriffage ; elles acquièrent bientôt la faculté de reprendre, fous le rouleau, la ténacité qui leur eft fi effentielle, & dont on ne peut pas fe paffer pour le travail du pain.

Telles font les opérations préliminaires que les pommes de terre exigent, fans quoi l'art du Boulanger le mieux dirigé, ne fauroit avoir aucune action fur ce végétal, tout farineux qu'il foit : il faut efpérer que le temps & l'induftrie en faciliteront l'exécution, par le fécours des machines qui ont rendu tout poffible. Paffons maintenant aux détails relatifs à la converfion de la pomme de terre en pain.

ARTICLE II.

De la Fabrication du Pain de Pommes de terre.

COMME on a l'attention de faire moudre ſon grain avant de s'occuper des moyens d'en compoſer du pain , il faut auſſi ſe précautionner d'amidon & de pulpe de pommes de terre, ſoit pour préparer le levain, ſoit pour pétrir: j'entends déjà des voix s'élever ſur ce double embarras ; mais qu'on réfléchiſſe aux détails qu'exige la mouture dans les campagnes, où preſque toujours on blute ſoi-même , à l'éloignement des moulins, au temps que l'on perd pour y aller attendre ſon tour & ſoigner ſon grain, à la néceſſité de garder un certain temps la farine pour l'employer avec quelque profit, & particulièrement aux riſques que l'on court lorſqu'on eſt livré à la diſcrétion d'un Meunier infidèle ou mal-adroit. Pourra-t-on diſconvenir que les embarras des opérations que nous venons d'indiquer ne diſparoiſſent en partie à la vue de ceux qu'entraîne néceſſairement le travail de la converſion des grains en farine! L'action variée des élémens ne peut ſuſpendre l'extraction de l'amidon ; tout eſt ſous la main

de celui qui fera du pain de pommes de terre ,
& la manipulation ne fera pas difficile, lorfqu’on
en aura contracté l’habitude.

Du Levain de Pommes de terre.

ON ne fauroit transformer les farineux en
pain , fans le concours d’une fubftance déjà en
fermentation : cette fubftance eft connue fous le
nom générique de *levain* : c’eft la partie la plus
effentielle & la plus délicate de la Boulangerie.

Prenez une demi-livre de pulpe de pommes
de terre , & autant de leur amidon , que vous
mêlerez avec quatre onces d’eau chaude ; portez
enfuite le mélange dans un endroit chaud : au
bout de quarante-huit heures, il exhalera une
légère odeur aigre ; alors, ajoutez à cette maffe
une nouvelle quantité d’amidon , de pulpe &
d’eau chaude, que vous expoferez dans la même
température , & pendant autant de temps , ce
que vous répéterez encore une fois : cette pâte
ainfi préparée, acquiert en fix jours la faculté
d’agir en qualité de *levain de chef*.

REMARQUES.

LA préparation que nous venons d’indiquer,
n’aura plus lieu dans la continuité des fournées ;
on mettra de côté chaque fois que l’on cuira,

un morceau de pâte, à l'exemple des perfonnes qui font chez elles le pain néceffaire à la confommation de leur famille ; alors il ne fera plus queftion , ni de faire aigrir une pâte d'avance, ni d'employer fix jours à la préparation du *levain de chef.*

On pourroit s'épargner tout l'embarras que donne la préparation de ce levain de chef , fi , au lieu de laiffer aigrir d'elle-même la pâte de pommes de terre , on y introduifoit d'abord une très-petite portion de levain quelconque : nous obferverons même qu'il n'acquiert le vrai caractère d'un bon levain , qu'à mefure qu'il s'éloigne de l'époque de fa première formation ; cette loi eft commune pour tout levain compofé fuivant cette méthode , fût-ce même celui de froment , dont le pain eft toujours mat & lourd dans le commencement de l'emploi d'un pareil levain ; à plus forte raifon le pain de pommes de terre , qui a befoin plus qu'aucun d'avoir un levain parfait.

Du fecond Levain.

On délayera , la veille au foir , le levain de chef dans de l'eau chaude , & on y mêlera parties égales de pulpe & d'amidon de pommes de terre , dans la proportion de la moitié de la

(39)

pâte ; en forte que fi on veut en faire cent livres,
on préparera cinquante livres de levain : dès que
le mélange fera exact & complet, on le mettra dans
une corbeille, ou on le laiffera dans le pétrin
pendant la nuit, ayant foin de le bien couvrir &
de le tenir chaud jufqu'au lendemain matin.

REMARQUES.

COMME il n'y a pas de balances dans tous
les ménages, & qu'il eft d'ailleurs plus facile
d'eftimer le poids par la mefure, on parviendra
bientôt à connoître ainfi la pefanteur de l'amidon;
celle de la pulpe s'acquerra également par ce
moyen, puifque les pommes de terre, dans cet
état, n'éprouvent prefqu'aucun déchet, &
qu'elles font toujours employées fous l'une &
l'autre forme à parties égales.

Du Pétriffage.

Le levain préparé dès la veille, doit avoir
pris un peu de gonflement, être crevaffé à
différens endroits de la fuperficie, & exhaler
une odeur aigre; en cet état on peut s'en fervir
dans le pétriffage, & le mêler avec une même
quantité de pulpe & d'amidon, de manière que,
fi ces fubftances font toujours employées dans
les mêmes proportions, foit pour la compofition

du levain, foit pour celle de la pâte : il faut néceffairement que le levain fe trouve pour moitié
dans la maffe totale, & l'eau pour un cinquième.
Cette condition dans les quantités, eft d'autant
plus avantageufe qu'elle ne peut que contribuer
à favorifer l'exécution du procédé que je décris.

Pour préparer la pâte, on place le levain au
milieu de l'amidon, environné de la pulpe divifée
par morceaux ; on délaye ce levain avec de l'eau
chaude, à laquelle on ajoute un demi-gros de
fel par livre de mélange, & quand tout eft
confondu par le pétriffage, on fait fubir à la
pâte les différentes opérations qui peuvent augmenter fa vifcofité & fa ténacité, c'eft-à-dire,
en la foulevant, la raffemblant, la battant, &
non en y enfonçant les poings, en la fou-
lant à force de bras, ainfi que cela fe pratique
mal-adroitement dans les campagnes, & dans
la plupart des villes pour le pain des différens
grains.

Remarques.

Comme il eft très-aifé d'avoir des pains de
différentes confiftances avec la même farine,
en variant feulement l'eau qu'on emploie au
pétriffage ; il s'enfuit qu'on pourroit obtenir de
la même efpèce de pommes de terre, un pain

plus léger ou plus ferme : il fuffiroit de rendre la pâte plus molette ou plus folide, & d'être très-agile pour la manier, par rapport à la difpofition qu'elle a de fe rompre.

On pourroit auffi varier la quantité de fel, & en mettre plus ou moins d'un demi-gros par livre de pâte ; mais la préfence de cet affaifon-nement eft abfolument néceffaire, à caufe de la fadeur naturelle des pommes de terre, que la fermentation ne relève pas fuffifamment.

Quant à la température de l'eau, qui doit toujours, pour notre travail, approcher de l'état bouillant, ce fluide porté à un pareil degré de chaleur, loin de détruire, comme dans le fro-ment, la glutinofité de la pâte, concourt à fa formation : c'eft ainfi que fouvent on par-vient au même but par des voies différentes & oppofées.

De l'Apprêt de la pâte de Pommes de terre.

A peine la pâte eft-elle pétrie, qu'il faut fonger à la divifer & à la façonner en pains : on la diftribue par demi-livre, par livre, par deux livres, par quatre livres, fous des formes différentes, dans des febiles ou dans des pane-tons d'ofier, revêtus intérieurement de toile bien faupoudrés de petit fon ou d'amidon, afin d'empêcher l'adhérence de la pâte, qui a lieu aifément fans cette précaution : on recouvre ces panetons avec une toile mouillée; on les laiffe dans un endroit chaud l'efpace de fix heures, plus ou moins, fuivant la faifon.

REMARQUES.

LA fermentation dans une pâte quelconque, eft plus ou moins prompte à s'établir : fi le Boulanger, avec la meilleure farine, ne peut déterminer le temps de l'apprêt, puifque ce temps eft réglé fur la faifon, il n'y aura que l'expérience & l'obfervation qui apprendront combien de temps il faut laiffer le pain de pommes de terre fermenter; nous remarquerons feulement que c'eft à-peu-près dans tous les temps & dans tous les lieux, deux fois plus que celui de froment ; il faut à ce pain un apprêt lent, & cependant un peu avancé : on s'aperçoit qu'il en eft à ce point, par quelques fignes extérieurs, tels que le gonflement, les petites crevaffes & un peu d'élafticité à la fuperficie.

De la Cuiffon du Pain de Pommes de terre.

DÈs que le levain a été préparé la veille au foir, que le pétriffage a été bien fait le lende-main matin, que la pâte a été tournée auffitôt

& diftribuée dans des febiles ou des corbeilles, enveloppées de toiles ou de couvertures mouillées, il faut attendre un intervalle encore de quatre heures pour mettre le feu au four, lequel demande deux heures pour le chauffer doucement & également; alors on enfourne la pâte dont l'on mouille encore la furface; elle y demeure environ deux heures, & après cela on la retire du four, fuivant les règles prefcrites.

R E M A R Q U E S.

CEUX qui fe propofent de faire du pain de pommes de terre, auront déjà vraifemblablement une idée du travail de la Boulangerie, de la manière de pétrir, de chauffer le four, & d'y mettre le pain cuire : je m'arrête feulement à montrer les petites différences que le pain qui nous occupe exige dans fa manutention : il demande une fermentation & une cuiffon lentes & avancées : fi la pâte reftoit moins de temps à fermenter & dans un endroit plus chaud, que le four fût plus vif; elle ne léveroit & ne cuiroit point convenablement.

Afin de déterminer à ne négliger aucune des précautions que j'indique, il faut quelquefois rendre raifon de leurs effets : or, fi je recommande de tenir toujours la furface de ce pain humide, c'eſt pour empêcher qu'elle ne ſoit tout d'un coup ſaiſie par la chaleur, & que devenue trop bruſquement épaiſſe, elle ne retienne l'humidité dans l'intérieur, empêche le centre de cuire, & la mîe d'être reſſuyée ſuffiſamment.

Du Pain de Pommes de terre.

Si les différentes opérations que nous avons détaillées précédemment, ont été exécutées, ainſi qu'il a été preſcrit, nous oſons aſſurer, d'après des expériences répétées & variées, que l'on obtiendra des pommes de terre ſeules, un pain blanc parfaitement levé & très-nourriſſant, ſans aucun mélange de farine ; il a, il eſt vrai, un petit goût herbacé & ſauvage qui appartient à la pomme de terre ; mais quel qu'il ſoit, il n'eſt pas à comparer au déſagrément du ſarraſin, de l'avoine, de l'orge, &c. ſous la forme de pain.

Le pain de pommes de terre eſt donc compoſée de parties égales d'amidon & de pulpe, d'un demi-gros de ſel par livre de mélange ; l'eau qui forme le cinquième de la maſſe générale, ſe diſſipe entièrement pendant la cuiſſon, & entraîne encore avec elle un douzième à peu-près de celle qui conſtitue eſſentiellement la

pulpe ; d'où il fuit, qu'une livre de pain repré-
fente trois livres & demie de pommes de terre,
& que dans ce déchet, nos racines n'ont perdu
que leur humidité furabondante , fans que la
partie, principalement nutritive qui les conflitue,
ait été affoiblie dans fes effets.

Des produits de la Pomme de terre en pain.

LES calculs du produit des grains, roulent
ordinairement fur celui d'un fetier ; mais comme
il eft poffible de déterminer ce produit d'après de
moindres quantités, d'une livre, par exemple, je
me fervirai de ce moyen, afin de fixer, de la manière la plus précife, combien il faut employer de
pommes de terre pour avoir une livre de pain.

État de la quantité de pommes de terre néceffaire pour obtenir une livre de pain *.

SAVOIR ;

	onc.	liv.	onc.
Amidon....................... 9			
Pulpe........................ 9		1.	2.
Eau employée au pétriffage..........	//		4.
Pâte réfultante du mélange..........		1.	6.
Ces 22 onces de pâte mifes au four, éva-porent durant la cuiffon...........	//		6.
Le pain après le refroidiffement pèfe....		1.	//
Poids égal à celui de la pâte.........		1.	6.

---

* La pomme de terre donne trois onces d'amidon par
livre, & réduite en pulpe, elle ne fouffre prefqu'aucun déchet.

On voit d'après ce tableau de réfultats, que pour avoir neuf onces d'amidon & dix onces de pulpe, il faut trois livres de pommes de terre pour l'un, & dix onces pour l'autre ; ce qui forme en tout trois livres dix onces de ces racines, qui font réduites à une livre de pain : cependant il eft bon d'obferver qu'on gagnera quelque chofe fur les groffes maffes qui évaporent moins en proportion que les petites ; la pomme de terre fuivra en cela les produits ordinaires des grains.

Réflexions fur le prix du Pain de Pommes de terre.

COMMENT parviendroit-on à établir d'une manière pofitive le prix auquel pourroit revenir le pain de pommes de terre, puifque dans une infinité d'endroits du Royaume, la culture de ces racines n'eft pas encore relative à fa confommation journalière qui s'en fait ? On ne peut donc donner tout au plus qu'un aperçu de ce qu'il pourra coûter dans les provinces où ces racines font très-communes, & font la bafe de la nourriture des habitans.

Le fac de pommes de terre contenant douze boiffeaux, pèfe deux cents dix-huit livres environ, ce qui équivaut à un fetier de blé, mefure de Paris, de médiocre qualité : il coûte, année commune, de trente à quarante fols dans les cantons où cette culture eſt en faveur. D'après ce qui vient d'être dit fur ce qui eſt néceſſaire pour produire une livre de pain, il en faut quatre facs juſtes du poids de deux cents dix-huit livres, pour fournir la même quantité de pain & auſſi nourriſſant qu'en rend un fetier du meilleur froment.

On objectera fans doute que les frais de préparation de l'amidon & de la pulpe, étrangers à la fabrication du pain ordinaire, rendront celle dont il s'agit plus difpendieufe, vu d'ailleurs que les frais de mouture & de tranfport font au moins payés par la vente des fons; mais c'eſt auſſi pour balancer une partie de ces frais, que nous n'avons pas fait entrer en compte dans les produits des trois livres dix onces de pommes de terre converties en pain, la matière fibreufe réfultante de l'extraction de l'amidon, & qu'on peut introduire dans la compofition du pain bis que nous allons indiquer, avec d'autant plus d'empreſſement qu'il ne forme aucune fpéculation de gloire & de fortune fur ce travail.

Je ne m'étendrai pas davantage à l'égard du prix que le pain de pommes de terre coûteroit dans les pays pour lefquels il eſt particulière-ment defliné : il fera très-aifé, d'après ces courtes réflexions, d'en avoir l'apercu.

Du Pain bis de Pommes de terre.

On nétoye & on lave les pommes de terre, après cela on les coupe par tranches affez épaiffes, que l'on étend enfuite fur une claie ou fur des tamis, au-deffus d'un four de Boulanger ; en moins de 24 heures elles ont perdu leur humidité fuperflue, la furface fe ternit, devient grife ; c'eft alors que ces racines acquièrent la propriété de fe réduire en farine, & on y procède à la faveur du pilon, ou par le moyen des meules : la poudre qu'on en obtient a le toucher, la couleur & l'odeur des farines bifes.

On prend deux parties de cette farine & une de la matière fibreufe, que l'on mêle enfemble ; on ajoute à ce mélange un poids égal de pulpe ; le levain de pommes de terre y entre pour moitié : on procède enfuite aux opérations du pétriffage , en fuivant la méthode que nous avons indiquée dans cet article.

Comme le pain dont il s'agit doit être le plus économique poffible, on pourroit fe difpenfer de peler les pommes de terre : l'expérience a déjà fait connoître que le pétriffage, exécuté par des bras vigoureux, achevoit de divifer la peau de ces racines, en forte qu'on n'en rencontre plus aucuns veftiges dans l'intérieur du pain bis.

RÉCAPITULATION.

RÉCAPITULATION.

IL réfulte de tout ce qu'on vient d'expofer, que la pomme de terre qui n'a pu jufqu'à préfent être convertie en pain blanc & bien levé, fans le mélange d'une farine quelconque, n'exige cependant aucun fecours étranger pour prendre la forme de cet aliment; tout l'art confifte à faire fubir à ces racines deux opérations particulières avant de leur appliquer le procédé du boulanger; la première eft l'extraction de l'amidon, la feconde concerne la préparation de la pulpe; dans l'un & l'autre cas la pomme de terre n'a rien perdu de fes propriétés nutritives, elle a gagné au contraire de ce côté par le moyen de la fermentation panaire, qui, comme l'on fait, améliore tous les farineux indiftinctement; mais pour réfumer en peu de mots, voici ce qu'il convient de préfenter encore fous le point de vue le plus rapproché.

Toutes les efpèces de pommes de terre cultivées, peuvent fervir à la fabrication du pain: il n'y en a point qui ne renferment intérieurement plus ou moins d'amidon, ainfi que les différentes parties propres à acquérir par la cuiffon & par le broyement, le caractère d'une pâte blanchâtre, tenace, vifqueufe & élaftique.

D

Quelles que foient les variétés des pommes de terre, & l'état où elles fe trouvent au moment de leur emploi, on en retire conftamment de l'amidon, qui ne diffère que par la quantité : chaque livre de ces racines en donne ordinairement trois onces, mais celles d'entr'elles qui font grifes à leur fuperficie étant plus farineufes, abondent davantage en amidon.

Si les pommes de terre rouges ou blanches, longues ou rondes, groffes ou petites, gelées, germées ou non mûres, &c. fourniffent de l'amidon femblable en qualité : il n'en eft pas de même de leur pulpe, cette préparation exige du choix ; les rouges femblent avoir plus de vifcofité, elles méritent par conféquent la préférence, mais il eft important que pour l'objet en queftion, ces racines foient exemptes de tout défaut.

Dans l'opération de l'amidon, les pommes de terre perdent les deux tiers au moins de leur poids : le déchet qu'elles éprouvent au contraire pour paffer à l'état de pulpe, fe réduit à peu de chofe, parce que l'eau où elles cuifent, remplace à peu-près celle qui fera perdue au feu.

Que l'amidon foit parfaitement lavé & la pulpe exactement égale & vifqueufe, fans quoi le pétriffage le mieux exécuté ne produira qu'un pain gris & mal levé.

Il est possible de se servir de l'amidon dans l'état sec & dans l'état humide, immédiatement ou long-temps après sa préparation, n'importe qu'il provienne d'autres végétaux que de la pomme de terre ou des grains.

La pulpe veut être employée sur le champ & dès qu'elle est faite, vu qu'à mesure qu'elle s'éloigne de l'époque de sa préparation, elle perd cette viscosité & cette élasticité si essentielles pour opérer l'effet desiré.

Lorsque les pommes de terre sont suffisamment cuites & tout-à-fait refroidies, elles se transforment difficilement en une pâte élastique ; mais si on les plonge dans l'eau bouillante, & qu'on les y laisse assez de temps pour que la chaleur les pénètre, elles reprennent bien-tôt sous le rouleau, comme auparavant, la consistance d'une pâte tenace & visqueuse ; il faut seulement avoir la précaution de les dépouiller de leur peau au sortir du feu.

Les proportions de l'amidon & de la pulpe ne varient jamais, soit dans la composition du levain, soit pour celle de la pâte, c'est toujours parties égales de l'un & de l'autre.

L'eau destinée au pétrissage du levain ou de la pâte ne sauroit être trop chaude, elle forme le cinquième du mélange.

D ij

La quantité de levain eſt déterminée par celle de la pâte : elle en fait la moitié , de manière que pour cent livres de pain, il faut cinquante livres de levain.

L'aſſaiſonnement eſt eſſentiel à la pomme de terre, ſous quelque forme qu'on en faſſe uſage ; il lui en faut moins, il eſt vrai, dans l'état de pain ; un demi-gros par livre ſuffit.

Pluſieurs circonſtances peuvent faire changer les proportions établies entre l'amidon & la pulpe, le levain & la pâte, l'eau, le ſel, &c. mais alors on auroit des pains de conſiſtance, d'aſpect & de goût différens.

La pâte étant bien petrie & tournée comme il convient, demande un apprêt lent & une cuiſſon graduée ; il lui faut donc une fermen-tation ſoutenue long-temps & un four très-doux ; ainſi pour fabriquer le pain dont il s'agit, on procédera de la manière ſuivante.

On prendra un morceau de pâte aigrie d'elle-même, ſuivant la méthode indiquée ; ou mieux, un peu de levain que l'on délayera le ſoir dans une pinte d'eau chaude ; on y ajoutera enſuite deux livres d'amidon & autant de pulpe de pommes de terre ; le mélange une fois achevé, ſera couvert & placé dans un endroit chaud juſqu'au lendemain matin ; c'eſt alors qu'il faudra ſonger au pétriſſage.

On étendra le levain ainſi préparé dans une nouvelle pinte d'eau où l'on aura fait fondre une demi-once de ſel; & le tout ſera incorporé avec la même quantité d'amidon & de pulpe que la veille : la pâte étant bien pétrie, ſera diſtribuée en huit parties dans des corbeilles ou dans des ſibiles ſaupoudrées de ſon, que l'on couvrira & expoſera dans un endroit tempéré l'eſpace de ſix heures, plus ou moins ſuivant la ſaiſon; le dernier objet dont il faille s'occuper enſuite eſt la cuiſſon.

Quatre heures après que la pâte ſera miſe à lever, il faudra commencer à chauffer le four, avec la précaution de n'employer que peu de bois à la fois; quand il ſera à ſon vrai point, on enfournera ; mais avant, on mouillera la ſuperficie de la pâte, au bout d'une heure & demie ou deux heures le pain ſera cuit.

Quoique les pommes de terre, dont je me ſuis ſervi pour mes expériences, ne ſoient pas les meilleures eſpèces connues, qu'elles proviennent même d'une année qui a été défavorable à leur végétation, j'en ai obtenu cependant un pain blanc & bien levé : on aura le même ſuccès en ſuivant la méthode que j'indique, pourvu toutefois qu'on ſe faſſe aider par un Boulanger qui veuille exécuter à la lettre ce que je preſcris.

Pour bien juger du mérite d'une découverte, il faut diftinguer ce qu'elle a de curieux, d'avec l'utilité dont elle peut être un jour ; ceux qui connoiffent les difficultés de l'Art , n'ont pu voir fans furprife, une racine groffière, compacte & aqueufe, transformée en un pain blanc & léger : c'eft un fait qui réfout le problème dans toute la généralité dont il eft fufceptible, puifqu'il prouve qu'un végétal qui ne contient ni *gluten*, ni matière fucrée, peut fe changer en un pain comparable à celui de froment : enfin, ce fait répand le plus grand jour fur la panification.

Le pain de pommes de terre, confidéré fous le point de vue économique, n'a pas moins le droit d'intéreffer ; il peut devenir un fupplément dans les temps de difette de grains, & une reffource dans tous les cas pour les pays où ces racines, cultivées en grand, forment la bafe de la nourriture journalière de leurs habitans, qui ne font ufage que d'un pain noir, coûteux & déteftable : combien d'autres découvertes accueillies à leur origine, fans prévoir l'utilité dont, par hafard, elles fe font trouvées être, quelques fiècles après : tandis que celle-ci porte avec elle une utilité réelle, fans attendre que des circonftances fatales la rendent indifpenfable.

Je ne puis me difpenfer en finiffant, d'obferver, que parmi ceux qui cultivent les Sciences, les uns fe montrent les détracteurs des travaux les plus intéreffans, parce que leurs idées s'y trouvent contrariées; les autres font aux aguets pour les contredire ou pour s'en emparer : il y en a enfin, & je defire que ce foit le plus grand nombre, qui ne defirant dans une découverte que fon utilité, la faififfent dès l'inftant qu'elle eft fenfible, & lui font obtenir bientôt le degré d'eftime dont elle eft digne : c'eft à ceux-là que je m'adreffe, & que je leur réitère mes inftances, en leur difant : *Le travail que je publie eft le fruit de la perfévérance, fon utilité fera votre ouvrage; en le perfectionnant, vous concourrez au bien général : eft-il jouiffance plus délicieufe que celle de feconder en même temps les vues du Gouvernement ! Heureux, qui fachant, comme vous, apprécier la valeur des inftans, les confacre tous à la félicité de fes femblables !*

F I N.

9 782329 589466